陪著你玩 優質關係經營叢書 05

遊戲式
教養手冊

鄭如安
沈欣慧、林致承、陳漢梅、黃愛萍
著

麗文文化事業

■ 國家圖書館出版品預行編目（CIP）資料

遊戲式教養手冊／鄭如安等著. -- 初版. -- 高雄
　市：麗文文化, 2019.09
　　面；　公分
　ISBN 978-986-490-115-9（平裝）

1.遊戲治療　2.親職教育　3.親子關係

178.8　　　　　　　　　　　　107004483

遊戲式教養手冊

初版一刷・2018年4月　　初版二刷・2018年9月　　初版三刷・2019年9月

著者	鄭如安、沈欣慧、林致承、陳漢梅、黃愛萍
責任編輯	鍾宛君
發行人	楊曉祺
總編輯	蔡國彬
出版者	麗文文化事業股份有限公司
地址	80252高雄市苓雅區五福一路57號2樓之2
電話	07-2265267
傳真	07-2264697
網址	http://www.liwen.com.tw
電子信箱	liwen@liwen.com.tw
劃撥帳號	41423894
臺北分公司	23445新北市永和區秀朗路一段41號
電話	02-29229075
傳真	02-29220464
法律顧問	林廷隆律師
電話	02-29658212

行政院新聞局出版事業登記證局版台業字第5692號

麗文文化事業

定價：150元

CONTENTS

遊戲式教養手冊目錄

讓你認識我

Part.1

鄭如安

· 國立高雄師範大學輔導與諮商研
　究所博士
· 中華民國諮商心理師

· 美和科技大學社工系助理教授
· 國立高雄師範大學輔導與諮商研究所兼任助理教授
· 陪著你玩優質關係經營協會理事長
· 高雄諮商心理公會第一、二屆理事長
· 台灣遊戲治療學會理事、秘書長
· 高雄市學生輔導與諮商中心主任
· 社團法人高雄市生命線協會主任
· 財團法人台灣兒童暨家庭扶助基金會專業發展委員
· 高雄市政府少年輔導委員會委員

感言：

「奶奶說，當你遇見美好的事物時，所需要做的第一件事，就是把它分享給你四周的人。這樣，美好的事物才能在這個世界上自由自在的散播開來。我覺得她說的真是對了。」（引自少年小樹之歌）這一段話可以點出個人這幾年學習與成長的寫照。成長過程中，不斷地學習，也不斷地付出，更從付出中得到了更多的肯定和自信。

我關心兒童、喜歡兒童，長年投入遊戲治療的領域，舉凡結構式遊戲治療、遊戲式教養或是透過親子遊戲，改善親子及家人間的互動，都是我最有興趣的主題。近年，更與一群夥伴積極建構台灣結構式遊戲治療團隊，發展結構式遊戲治療的專業架構及技巧，也已經寫成多本專業書籍，分享給心理專業人員。在此同時也將結構式遊戲治療的架構及技巧轉化為一套更生活、更適合給父母們學習及應用於親子的「遊戲式教養」。

我發現當父母學會「遊戲式教養」的理念及技巧而實際應用在親子互動時，效果非常顯著。這讓我及團隊夥伴非常驚豔及開心，這本《遊戲式教養手冊》也就是在這樣的背景脈絡而出版，期待這本手冊的出版可以讓更多的家長及兒童受益。感謝大家。

請加入【台灣結構式遊戲治療團隊】粉絲團

沈欣慧

- 馬來西亞註冊與執證心理諮商師
- 馬來西亞博特拉大學諮商與輔導系碩士
- 現任檀香愛心福利中心主任
- 婚前教育課程及「親密之旅」婚戀課程講師
- 曾接受「沙箱治療」、「表達性藝術治療」及「兒童中心遊戲治療」訓練
- 從事諮商工作逾十年，專注於兒童遊戲治療，協助孩子的情緒失衡、行為問題等
- 2017年開始帶領遊戲式教養團體，帶領父母以愛陪伴與滋養孩子，促進親子關係

感言：

每個孩子都是獨特的，每個父母也是獨特的。

當父母學習到不再讓生活的節奏追著跑，「停下來」全心全

意地陪伴孩子時，他們開始以一種「新」的眼光來看待孩子，不再被自己過去的經驗「囚禁」。他們更能了解孩子的需要、更能承接孩子的情緒、也更願意去聆聽、陪伴孩子。每個星期30分鐘的親子特別時光，父母運用所學習到遊療技巧，以尊重、同理、及接納的精神陪孩子玩。遊戲式教養不只改變了親子關係，最重要的是改變了父母，而正因為父母的成長，孩子也成長了。

遊戲式教養讓每個人，不管是父母或孩子都能展現自己獨特的生命，並能融洽地以愛交匯，彼此滋養。

林致承

- ‧馬來西亞註冊與執證心理諮商師
- ‧馬來西亞博特拉大學（UPM）輔導與諮商碩士
- ‧曾任馬來西亞生命線協會輔導義工約18年、輔導督導及輔導義工培訓工作約10年
- ‧2012年起參與結構式遊戲治療培訓，2016年開始接遊療個案
- ‧2017年起帶領遊戲式教養父母成長團體，培育父母如何陪孩子玩

感言：
遊戲讓孩子獲得歡樂，遊戲讓孩子表達自己，遊戲讓孩子學習發揮想像力與創造力，遊戲讓孩子探索世界，遊戲讓孩子與玩伴及周遭連結。父母是孩子最有意義及最有價值的玩伴。
「遊戲式教養」讓我們學習如何陪孩子玩。

陳漢梅

· 澳洲Edith Cowan University幼兒教育研究文學士
· 資深幼教工作者，曾擔任幼教老師及幼兒園園長
· 2012年迄今馬來西亞加影新紀元大學學院幼教文憑課程兼職講師
· 2012年開始接受藝術治療及結構式遊戲治療訓練
· 2014年迄今在台灣結構式遊戲治療團隊督導下提供結構式遊戲治療服務於兒童
· 2014年迄今馬來西亞生命線協會遊戲治療義工
· 2016年迄今馬來西亞生命線協會遊戲治療組副組長
· 2017年開始帶領遊戲式教養團體

感言：
身為一名幼兒教育工作者，很多時候看到家長面對孩子時，總是無助與沮喪。這份無力感來自於在他們陪伴孩子的過程

總是無助與沮喪。這份無力感來自於在他們陪伴孩子的過程中，總是面對重複性的困擾及難題。也因此激發了我想要尋找一個適合又容易執行的教養方法以便提升他們的親子關係。在多年參加了很多的親職工作坊與演講之後，我終於找到了，那就是「遊戲式教養」方式。從遊戲治療及幼教實務工作裡，我發現「遊戲式教養」所提倡的特別陪伴時間是送給孩子們最有價值的禮物！這是一份充滿尊重、信任、滋養與愛的禮物！

期許自己在未來的日子裡，可以繼續與家長們一起在教養兒女的旅程中成長。感恩我的生命導師——孩子們，他們教會了我更懂得貼近自己和他們。通過孩子們不同的生命故事，讓我對他們、家長們及我自己有更多的認識與理解，也對愛與陪伴有更多的感悟。

黃愛萍

· 馬來西亞博特拉大學（UPM）輔導諮商碩士班研究生
· 馬來亞大學（UM）學前教育學士
· 曾任職華小老師（1990-1997）
· 曾擔任馬來西亞學前教育專業教師公會（MAPECE）財政
· 馬來西亞教育部課程發展中心學前教育編輯組員及學前教育培訓師
· 「親密之旅」婚戀課程帶領員
· 「童心緣」遊戲治療工作室創辦人
· 2017年開始帶領遊戲式教養團體
· 專長於教育諮商，心理諮商及父母成長課程

感言：

每個生命都是獨特且值得被愛的。感恩出現在我人生中的人、事，物。喜歡自由、玩樂與學習。感謝父母給我這個名字。期許自己讓「愛」傳下去，「萍」安健康與喜樂！

歡迎你
進入探索孩子心靈的世界

Part.2

我曾有過許多夢
不曾實現的夢
我感受到它們從黎明中消失
但
我真的知道我擁有過它們
感謝神
讓我能繼續織夢

我曾播下許多種子
它們卻成了鳥兒的食物
我看到它們的消失
但
我手中仍有足夠的金色麥穗
讓我能繼續播種
讓我繼續播種
讓我繼續播種

天龍八部第一部：

入門理論

入門篇 何謂遊戲式教養？

在討論何謂**遊戲式教養**之前，我們先要了解不管是**遊戲式教養**或遊戲治療，我們都堅信這樣的理念：

（一）**遊戲本身就具有治療的功能。**

（二）我們可以從陪伴兒童遊戲的過程**更了解兒童的內在感受。**

因兒童的口語表達還無法完整地將內心的想法和感受充分表達出來。所以，光用言語或詢問是很難完全了解我們的孩子，尤其是學齡前和中低年級的孩子。因此透過遊戲，大人能窺探到孩子的**內心**世界。

遊戲是孩子成長過程中不可或缺的一部分，孩子在遊戲中度過大半時光，遊戲是他們的語言，他們在遊戲中得到樂趣、在遊戲中學習、在遊戲中表達幻想與夢想、在遊戲中發揮想像與創造力、遊戲對他們而言是輕鬆、自在、沒有壓力的。

用孩子的心、孩子的眼來了解與感受孩子，你會發現你與孩子的距離越來越靠近。遊戲式教養希望能透過遊戲的方式，讓孩子在遊戲中做自己，從遊戲中宣洩與紓解情緒，從中改善情緒困擾、適應及行為等問題；從遊戲中建立起對自己的信心，滿足內在未得滿足的需求，進而引導孩子快樂地

學習與成長。

綜上，我們可以説：遊戲式教養乃是利用遊戲的方式，協助孩子成長，進而使其在各方面適應得更好。

何謂遊戲式教養？

遊戲式教養顧名思義，就是由父母陪伴孩子一起做遊戲的親子互動模式。結構遊戲治療師會將與兒童相處的理念與技巧教給父母，讓父母親學習另一種與孩子溝通的方式。此方式能增進彼此的關係及了解，並透過這樣的方式來改善親子關係及兒童的問題等。

簡單説就是要父母學習如何當孩子的遊戲治療師。

為什麼要邀請你來進行遊戲式教養？

父母是孩子最親近的人，是孩子安全感的來源，是孩子世界中最重要的支持力量。如果父母能在實際的操作中，學習到兒童遊戲治療的方法與態度，並將這樣的技術用於日常生活中，融入親子關係上，對兒童的發展與成長將有很大的助益，也能改善孩子的問題。

對於為什麼孩子老是與我唱反調？為什麼他總是教不會？等等等……，讓父母耗盡心思、傷透腦筋的問題，我們就是要透過遊戲式教養的方式，來協助家長更加地了解你的孩子。當家長的態度改變了，孩子便能感受到被了解與被關愛，那麼此時你與孩子的關係將會大不同，孩子也會有所改變，對孩子而言你正是他生命中最有力的支柱與港灣。

多年的實務工作經驗，讓我們深感父母親是最值得我們邀請來學習遊戲式教養的。讓我們一起來成長，也希望透過你的參與和回饋，使我們更能有效幫助孩子做得更好。

你準備好了嗎？讓我們開始這趟遊戲之旅吧！

LET'S GO！

我們的約定

我_____同意參與進行遊戲式教養的訓練，為了能有效學習並讓我的孩子感受到我對他的關心，我會遵照以下幾點的規定和要求。

1. 我同意每週____的____點____分到____點____分，和____進行親子遊戲陪伴。

2. 除非有不可抗拒的因素，我一定遵照上述規定。

3. 每次做完親子遊戲陪伴我會如實地做紀錄。

4. 我會確實做好規定的回家作業。

5. 我同意將親子遊戲陪伴的過程錄影（音）下來。

6. 為使遊戲式教養能推廣給更多需要的家庭，我同意各項有關資料，在符合中國輔導學會的倫理規定下，進行研究或發表。

同意人：

年　　　月　　　日

準備篇 如何進行遊戲式教養？

感謝你的參與，在你正式回家進行遊戲式教養之前，我們先要有些準備，這些準備是很重要的，所謂凡事豫則立，不豫則廢。因此在討論或閱讀的過程，若有疑惑，一定要打破沙鍋問到底。

和孩子一起討論遊戲時間

遊戲式教養的活動是一個很特別的時段，就像有信仰的人，他們的「飯前禱告」這樣的儀式，久而久之就會深入他們的內心，進而讓他們產生力量。因此遊戲式教養的時間也要固定且有規律。

訂定遊戲時間的基本原則（高淑貞，民87）：

（一）時間的決定要考慮到孩子的一般作息與活動節目。避免在孩子生理狀況不佳的情況下，或與孩子有興致活動相互衝突的時間內。

（二）讓孩子知道遊戲的時間是固定的，且是可預期的。

（三）這30分鐘內，父母要儘量排除可能的干擾，如電話、另一個孩子的擾亂……。

和孩子一起討論地點

遊戲式教養地點的適當和固定，有助於活動的進行，也讓孩子學會遵守約定，最重要的是要協助他能區隔遊戲式教

養時間和其它時間的不一樣。

地點選擇的原則（高淑貞，民87）：

（一）避免在孩子房間進行，因為有其他玩具可能干擾。

（二）地點要能不被干擾，這樣才能讓孩子意識到這段時間的重要與自己的特殊。不妨跟孩子一起做個告示牌：「遊戲中——請勿打擾」，以便掛在門上。

（三）空間不宜太小，但也不要太大，以免過於壓迫或容易混亂，約5到8坪左右是適當的。

如何不被其他孩子干擾

遊戲式教養一次只進行一個人。因此要如何不被其他孩子干擾，但又能照顧到他的心理感受，這裡有幾點建議：

（一）讓家人陪伴**其他孩子**。

（二）公平分配不同的時間進行遊戲式教養。

（三）安排於其他孩子不在的時候，例如上課、學才藝……。

溫馨提醒：要照顧到每個孩子的心理感受，不要讓他們覺得不公平或委屈。

遊戲材料的選取（高淑貞，民87）

遊戲當然需要玩具，要選擇怎樣的玩具呢？有以下幾點原則：

（一）不一定需要新的，但不要用損壞的玩具。

（二）若玩具不容易蒐集很多，則建議多利用各種藝術
媒材。

（三）為促進玩具的特殊感，只有在遊戲單元進行時，
才能讓孩子玩這些玩具，故可將遊戲式教養所使
用的玩具收置在一個適當的紙箱內。

（四）在遊戲式教養單元進行期間，這些玩具都只是在
遊戲單元使用，其他時間不得任意取出來玩，主
要是透過特定玩具的使用，創造遊戲單元的特殊
感。這也提供機會讓孩子學習延宕需求的滿足，
並讓父母練習堅決及一致。

（五）機械式且不會產生互動的玩具要排除，例如電動
玩具。

如何開始與結束

在做好上述的準備工作後，要提醒各位家長如何開始遊
戲式教養，又要如何結束。

（一）將可能會中斷遊戲治療的各種因素事先排除，例
如記得讓孩子在未開始遊戲時間之前，先去洗手
間。

（二）具體明確地告訴孩子可以玩多久。例如現在長針
在3，等一下到5的時候，我們就要結束。

（三）在結束遊戲前5分鐘，給孩子一個提示，不要延
長結束時間超過2或3分鐘。

STEP BY STEP

◆步驟一：先根據上述原則，決定二到三個可能的時間、地點。

◆步驟二：若家裡還有其他小孩，則要取得家人同意來協助你照顧另外的孩子。

◆步驟三：單獨和這個孩子一起討論遊戲時間。

　　小明，今天如安老師有說，要媽媽回家也找一個時間固定陪你玩遊戲。你覺得怎樣？

　　為了讓媽媽能很固定且規律地陪你玩，所以，現在有關時間、地點和玩具的一些相關事情，媽媽要和你討論，最後還要和你簽約，表示我們兩人都要負責，不可以騙人。

　　因為……，所以，我覺得＿＿＿、＿＿＿、＿＿＿三個時間是很恰當的，由你來決定一個。不管你選哪一個時段，每次都玩30分鐘。

　　接下來就是，媽媽覺得在＿＿＿玩是比較適合的，因為……。希望你了解並願意配合。

　　再來就是，在我們定的這段時間，我們的玩具需要特別被保護，媽媽會將他們裝在一個大的收納箱，這些玩具變成只有在這段時間才能玩，其他時間要被保護。

◆步驟四：簽契約。

學習札記

～兒童靠遊戲表達情緒，靠遊戲表達思想，靠遊戲描述他生命中的重要經驗～

回家作業（一）

請對你的孩子講他們成長的相片故事

步驟：

1. 事前先依事件或時間的順序將相片整理好。

2. 先跟孩子講好，講相片故事的時間是從＿＿＿到＿＿＿。

3. 找一個適當的時機，和孩子或全家人一起看相片，並講相片的故事。

4. 講相片故事時，儘量不要受干擾。

5. 整個過程順著孩子的好奇、興趣走。

6. 寫下你的心得感受。

心得感受

天龍八部第二部：

入門祕笈

　　準備到此，你就要上路了喔！在此還是有些叮嚀，這些叮嚀其實都是一些態度，將這些叮嚀當作一種反省，這樣會有助於你的學習。

祕笈一：二不三要

　　不問為什麼：對於兒童在遊戲室的行為、表現、呈現的作品等，都以一種欣賞接納的態度面對，而不會問為什麼。以一種欣賞的語氣描述，

　　「我看到你畫了一個綠色的月亮。」

　　而不會問：

　　「你為什麼把月亮畫成綠色的？」

　　「我看到你一輛車接著一輛車的排成一長排。」

　　而不問：

　　「你為什麼把車排的那麼長？」

　　「我看到你畫了一個很小的人。」

　　而不問：

　　「你畫誰？為什麼畫得這麼小？」

不指導或暗示：兒童是可以用自己的想像來象徵遊戲室的玩具，所以不要指導兒童如何玩？或該玩什麼？而是由孩子帶著我們走！

「你要我怎麼幫你？」

「你要我把電話拿起來跟你講話。」

（悄悄話技巧）「我應該說什麼？接下來呢？」

「你要怎麼玩就可以怎麼玩。」

「你要我當強盜，而且還要戴上面具。」

「現在我應該到監獄，直到你說我可以出來為止。」

「你要我拿著熊媽媽，讓熊媽媽去找牠的寶寶。」

「你告訴我要怎麼玩。」

「當你用槍向我射擊時，我接下來應該怎麼了？」

不說：

「你可去玩積木啊！」

「你平常不是都喜歡畫畫，那你就去畫圖嘛！」

「你用深色就可以把淺的顏色蓋過了！」

要對孩子的表現有興趣：亦即面對孩子時會有意願想更了解他，甚至會對於孩子的各種表現覺得新奇與驚訝。

「喔！我看到你很興奮地在那邊跳上跳下。」

「我很驚訝你能夠將這麼重的櫃子推開。」

「我很喜歡有這樣的時間陪你一起玩。」

「哇！你熟練的接球方式讓我讚嘆！」

要能接受模糊或沉默：兒童的成長是不能揠苗助長的，遊戲治療陪伴的過程，兒童經常是沉默的、混亂的、模糊的……，我們就必須要能接受這些模糊性。

當你還不了解孩子的遊戲在表達什麼？或你做了幾次遊戲式教養，仍然感受不到孩子的改變，或與孩子之間的關係有所進展時。有幾個原則：

（一）和我們討論你的遊戲過程。

（二）反省一下或重看一次自己錄的影片。

（三）相信孩子、相信自己，容許給自己和孩子一點時間準備。

要先接觸他這個人，而非問題：我們面對的是一個有生命的個體，所以不要被兒童不適應行為所左右，唯有先全然地接觸兒童，才有可能解決其不適應行為。不在此時講大道理。更不應該在此時責罵孩子。

「我看到你有點悶悶不樂的，好像不想玩？」「我看到你非常難過地不知從何說起。」

看到孩子很生氣的拿著棒子一直打布娃娃，你可以說：

「你好生氣的打著那個娃娃」

而不說：

「不值得為了這件事那麼難過。」

「你不可打這個娃娃。」

「你就是太容易生氣。」

「你平常是不是就是這樣欺負妹妹。」

「你到學校要好好的聽老師的話。」

「你是哥哥，你比他懂事，所以，平時就讓一下妹妹。」

祕笈二：提供選擇權和自由

尚未發生的事不限制：在兒童尚未有不宜的行為前，不預先警告兒童的行為。即使上次有一些不適當的行為，在開始遊戲時間前，我們只說：

「小明，我們有30分鐘時間，你想怎麼玩就可以怎麼玩。」

不說：

「小明等一下，你不可以像上次一樣的將東西往窗外丟。」

明確地表達：在遊戲單元之前具體明確地表達

「在這裡你有30分鐘的時間，你想怎麼玩就可以怎麼玩。」

「你認為他是什麼，他就是什麼。」

容許選擇：是一種絕對的容許，當兒童選擇不玩、用不同的方式玩或對玩具做其他定義時，我們仍然尊重他的選擇，我們仍然很專心地陪在兒童身邊。當然他要畫畫、拼圖、積木……都可以。

孩子安靜地坐在前面，還沒決定要玩什麼，你可以說：

「小明，我看到你安靜地坐在那邊，還沒決定要玩什麼？」

小明拿著一個積木當成飛機在空中飛來飛去，你可以說：

「有一架飛機，在空中咻咻的飛來飛去。」

在孩子尚未開始玩時，我們也常會做如下的反應。

「在這邊你想玩什麼，就可以玩什麼。」

「你現在還沒決定要替布偶取什麼名字？」

鼓勵決定：在遊戲單元中兒童是可以自己決定一切的，所以要鼓勵兒童作決定。例如兒童問：「媽媽，房子要塗紅色還是藍色的？」你可以回答：「你想要畫什麼顏色，就可以畫什麼顏色，在這邊你可以決定一切。」

「你暫時還沒想到要替布偶取什麼名字。當你想到時，隨時可以替它取名字。」

祕笈三：專心陪伴——至少要做到下述三點

足夠的反應：對兒童遊戲的過程反應頻率要夠多。初學者反應頻率不夠的主要原因是不曉得要反應什麼。在此介紹兩種最常用的反應方式。

◎反應孩子的行為：

「你把那些全部堆在一起。」

「你決定接下來要畫圖。」

「你把它們排成你要的樣子。」

「你把那個東西搬了下來。」

◎反應孩子的感受：

「你很喜歡你畫的房子。」

「嗯，讓你嚇了一跳。」

「你很失望一直排不好。」

「你好高興能爬上屋頂。」

豐富的表情：豐富的表情也是一種專心和感興趣的象徵。自然地跟隨著遊戲內容，將你內在自發的心情表露出來。

表達欣賞與鼓勵：對於兒童的表現要表示欣賞、鼓勵……，而不是批判、評價。

「你很努力地要打開那個瓶子。」

「你想到一個辦法。」

「你知道自己想要怎麼玩它。」

「聽起來，你知道很多關於鯨魚的事。」

「你很堅持地不斷找方法，想要把娃娃斷了的腳接回去。」

祕笈四：尊重

跟隨兒童的步調：不要催促兒童改變、趕快玩、動作

快……。是要跟著兒童的步調。

不說：

「你怎麼還不玩！？」

「快一點，時間到了我就要做其他事喔！」

「你可不可以不要每次都玩打戰的遊戲。」

「畫快一點，遊戲時間就要結束了。」

預先告知：更改時間、進行方式、地點……一定預先和兒童討論。以兒童為主體：一切的設施、運作一定以兒童為最優先考量。若你希望調整下次遊戲的時間，則在遊戲正式開始之前，就和孩子說：

「小明，下週因為……，所以……，我必須和你調整時間為＿＿或＿＿，你決定一個你可以接受的時間。」

若在這次的遊戲單元，有特別要邀請孩子玩一個特別的遊戲或活動，我們也會在一開始就預先告知小孩。

「等一下在最後的5分鐘，想請你畫一張圖。」

「遊戲時間最後10分鐘，我想跟你玩一個遊戲。」

學習札記

~注意到孩子的什麼行為，那個行為就會被保留下來~

回家作業（二）

回家利用故事繪本講一則故事給你的孩子聽，或陪他做一件他喜歡做的事。

步驟：

1. 若是講故事，則將家中有的繪本（或圖書館借來的）供孩子選擇，要看幾本則由你自己先決定。

   「小明！媽媽今天有30分鐘，想講＿＿＿個故事給你聽，現在這邊有＿＿＿本故事書，你可以選＿＿＿本，你要選哪幾本？」

2. 練習我們祕笈中提到的態度、行為……等，開始講故事給孩子聽。

3. 講完故事，媽媽問「若這個故事可以重講，但只能講其中的某一頁，你想聽哪一頁？」

4. 媽媽再簡單重述這頁故事，然後可以試著以一種好奇的態度，深入探索孩子選擇這頁的原因（但不要強迫或勉強孩子去說）。

4. 若講二本以上，重複上述第2、3步驟。

5. 結束故事時間前，問問孩子今天的感受？

6. 寫下你的心得感受。

心得感受

天龍八部第三部：

追蹤描述行為與情感反應

一、追蹤描述行為的技巧解釋

　　遊戲式教養的主要精神之一就是用平等的心看待孩子，並在遊戲單元內，讓孩子當家作主，讓他自己決定要玩什麼？如何玩？怎麼玩？把自主權交給孩子，你只是跟隨著他，反應你所看到「他的行為」，這就是追蹤與描述行為。

　　這項技巧主要強調的是，對孩子表現出來的行為做口語上的反應，重點在對孩子的行為做具體的描述，讓他感受到父母是全神貫注與他同在的。

　　我常說使用「追蹤描述行為」這項技巧的一個極端例子，就是籃球或棒球比賽的主播，試想他們是不是把球場上球員的一舉一動用口語播報出來，他們是不是要非常的專注與投入？雖然遊戲式教養不是要你做得如此極端，但「追蹤描述行為」的目的就是讓孩子感受到我們對他的注意和全神貫注的陪伴。

二、示例說明

　　「你會用這些積木拼出你要的東西。」

　　「你把不一樣顏色的士兵分開來。」

　　「你拿起那個來看一看。」

　　「你一步一步的慢慢爬上屋頂。」

「你用棒子打了娃娃三下。」

「你把沙子撒在地上。」

「你把門踢了三下,用力地關上。」

「你把這些東西埋在沙裡面。」

「你看了看它們。然後又放回去。」

(例一)孩子把食物玩具拿出來洗洗,放進玩具鍋炒,
　　　　加上調味。

　　　　「你把蔬菜拿出來洗洗,放在碟子上,然後放
　　　　進鍋裡炒。」

　　　　「媽媽,你看,我要放醬油。」(孩子拿起醬
　　　　油給媽媽看)」

　　　　「哦,你要放醬油。」

　　　　「哇!好了!」

　　　　「菜炒好了,你很開心。」

三、反應情感的技巧解釋

　　「反應情感」的技巧簡單說就是:說出你看到或感受到
孩子內在可能的情緒狀態。在遊戲過程中,孩子可能會有高
興、生氣、不耐煩……等情緒,你能即時把這些觀察到的情
緒用口語表達出來,讓孩子知道你了解他此時的感受是什
麼,也讓孩子經驗到被深入了解,這是一種很正向滿足的經
驗,同時也讓孩子學習認識自己的情緒及接納各種不同的情
緒經驗。

人的情緒是很複雜的，所以，做「反應情感」的技巧時，不要求百分之百的正確，但我們的態度是溫和的、接納的，讓孩子知道他是可以有情緒的。最重要的是，身為父母的人，不要看到孩子的情緒反應，自己也產生了生氣、煩躁、難過……等情緒，例如看到孩子又是玩暴力的遊戲，一邊殺還一邊得意地笑時，你是不是會產生出生氣、難過或擔心的情緒呢？

四、示例說明

（例一）媽媽：「你很高興你能把這個接起來了。」

　　　　孩子：「媽媽你看。」（拿給媽媽看）

　　　　媽媽：「你很興奮你能把這個做好，也想讓媽媽知道你的快樂。」

（例二）大人：「你很生氣，拼圖老是拼不好。」

　　　　孩子：「討厭死了，我不玩了。」（把拼圖丟出去）

　　　　大人：「你非常地生氣，費那麼大的勁還是拼不出來，讓你氣到不想再玩了。」

（例三）孩子一邊用奶瓶餵娃娃，一邊對大人說：「她生病了，發高燒，不知道會不會好起來。」

　　　　媽媽：「你很擔心娃娃的病情。」

（例四）孩子邊玩邊哼輕快的歌曲。

　　　　媽媽：「你今天看上去心情好愉快哦。」

（例五）孩子：「我不要你離開，我不想你去工作。」

（哭泣）

媽媽：「你很傷心我必須要離開你去工作，你想要我一直陪著你。」

（例六）孩子：「我之前已經把這些都弄好了，現在亂七八糟的。」（生氣地搓弄盒裡的積木）

媽媽：「你很生氣積木亂了，你想要它們跟你之前排好的一樣。」

（例七）孩子在玩串形狀玩具（圓形、心形、四方形塑膠玩具）

孩子：「很難耶，不好玩，介面太小了，不玩了。」（把玩具丟掉）

媽媽：「你好生氣，覺得有點難，串了好久，串不進去，不想玩了。」

（例八）孩子在寫作業

孩子：「好累哦！要寫這麼多，每天都這麼多功課。不想做了。」（把書本推開）

媽媽：「你覺得好累哦，每天都要寫這麼多這功課。你有點生氣了，不想做了。」

學習札記

~完全不理會孩子的情緒會讓孩子有失落與孤單感~

回家作業（三）

回憶兒時，與兒同樂

步驟：

1. 請事先回憶一個你小時候玩過的遊戲（如丟汽水蓋、豆袋（沙包））。向孩子描述這個遊戲的玩法、和誰一起玩，及當時玩樂的心情。

2. 若這個遊戲需要一些材料（如事先收集汽水蓋／縫製豆袋），可以跟孩子一起準備。

3. 和孩子約定，安排一個時間一起玩。

4. 遊戲開始前可以一起討論及擬定規則（可以參考原有的規則，但也可以由你們倆一起來擬定）。也可以選擇決定要玩多久。

5. 玩的過程儘量避免干擾。

6. 寫下你的心得感受。

心得感受

天龍八部第四部：

反應意義

一、反應意義的技巧應用

透過對孩子行為、心情、情緒的觀察與了解後，你對孩子有更進一步的認識，便可將孩子行為背後所要傳達的意思表達出來。這麼做的目的是在幫助孩子明白自己行為背後的動機，幫助孩子更深層地了解自己。

我常舉一個簡單的例子來說明，就是當一個孩子一直告訴你：

「媽媽！桌上有一包糖果呢！」

若你說：「嗯！媽媽知道。」

「媽媽！你看桌上有一包糖果呢！」

「嗯！我有看到，我知道。」

「媽媽！你看桌上有一包糖果呢！」

試問，你還要回答「我看到了」、「我知道」這種內容嗎？孩子背後的意義是「媽媽！我想吃糖果呢！可不可以。」所以，若你蹲下來看著他說：「你很想吃桌上的糖果，對不對？」

我想孩子給你的回應一定不一樣了，因為你真正接觸到他的內在，你了解他背後的意義和動機。

二、示例說明

（例一）孩子在黑板上寫「2＋5=7」。

追蹤行為的話會說：「你把它們加起來。」

但是如果想擴展行為的意義，可以根據對孩子

的了解說：「你喜歡讓我知道你會加法。」

（例二）「我們下次的遊戲時間是不是還是這樣玩？」

「你喜歡我用這樣的方式和你玩。」

（例三）「你要讓我知道你知道該怎麼修理它。」

「我告訴你這個就是這樣弄，這樣你會不

會？」

「你很想教我怎麼修理它，我試一下看看。」

（例四）「你怎麼都不笑了？」

「你在猜我對你的感覺是什麼？」

（例五）「爸爸説我不乖你就不會跟我玩了。」（一臉

擔心地看著你）

「你想知道我會不會繼續跟你玩。」

（例六）「媽媽，每個人都會死嗎？我不想你死。」

「你害怕我會永遠地離開你。」

（例七）孩子在畫畫，過後拿起畫走向媽媽

「媽媽，我畫了好久，你看，你看。」

「你想告訴媽媽，你這張畫畫了好久，想給媽

媽看看你畫得怎樣？」

學習札記

~以具體行動替代口語的提醒~

回家作業（四）

你鏡中有我，我鏡中有你

步驟：

1. 和孩子約定，安排一個時間玩此遊戲。

2. 兩個人面對面，先決定哪一方是A，哪一方是B。

3. 遊戲開始，A做動作，B要如照鏡子般模仿A的動作，過程中不可交談。

4. 3分鐘後兩人交換角色。B做動作，A模仿。同樣的，過程中不可交談。

5. 3分鐘後遊戲結束。兩人可以說說剛才遊戲時的好笑事情／情境。

6. 寫下你的心得感受。

心得感受

天龍八部第五部：

建立自尊

一、建立自尊的技巧應用

很多時候當孩子的行為表現出他的能力時，父母如果能反應出來讓孩子知道，那麼你的用心與肯定，便經由這些點點滴滴，讓孩子相信自己是有用、有價值、有能力與受到重視的個體。父母用的是正向積極的態度與方法，對孩子建設性行為予以鼓勵，從小處給予肯定，這樣的方式便是尊重並欣賞每個孩子不同的優點。

在遊戲式教養的過程中，我們非常看重這部分的反應，因我們深信一個有自尊心、自我概念高的小孩，是不會有偏差行為的。因此在過程中，我們常表達說出：「你會……」、「你能夠……」、「你一直……」、「你可以……」……等類似的口語常會出現，但重點是反應這些行為的過程，而非只是結果。

二、示例說明

（例一）小明擠出黃色和紅色顏料，並把它混在一起，然後很得意地發現顏色的變化。

「你知道把黃色和紅色顏料混在一起，就變成橘色了。」

（例二）小明小心翼翼地排積木。

「你會用這些積木拼出你想要的東西。」

（例三）小明努力地往娃娃屋頂爬。

「你很努力地一步步往上爬。」

「喔！好滑，你滑了下來。」

「你仍然努力地爬。」

「哇！你能夠自己爬上娃娃屋的屋頂。」

（例四）小明再為娃娃的家具擺設重新調整。

「哇！每一次玩娃娃屋，你都會有不一樣的擺設！你有好多房屋設計的想法」

（例五）小明試了幾次想要擰開顏料的蓋子。

「你很努力地嘗試打開蓋子」

小明把蓋子打開了。

「耶，經過努力，你成功打開蓋子了！」（興奮地）

（例六）小明第一次自己煎蛋。

「你知道要先放油再放雞蛋。」

「哇，你懂得把蛋翻過另一面繼續煎！」

（例七）孩子照顧生病的芭比娃娃

孩子：「娃娃生病了，要打針，吃藥，不能吃飯，只能吃粥，要休息，睡覺要蓋被。」

媽媽：「原來你知道生病是要打針、吃藥，不能吃飯，只能吃粥，還要休息，睡覺時要把被蓋好。看見你好用心在照顧芭比娃娃。」

學習札記

~專注地陪伴~停、看、聽~

回家作業（五）

愛的揉揉

步驟：

1. 先和孩子講解玩遊戲方式和時間。

2. 遊戲方式是以猜拳（剪刀，石頭，布）進行。

3. 輸的一方要幫贏的一方按摩。（進行多次）

4. 按摩方式是輕輕地捏捏、捶捶、拍拍身體的部分如肩膀、手臂、背部、手掌、腿和腳部。

5. 遊戲的最後是先由父母把乳液滴一小滴在孩子的手掌上（左或右），然後沾一些乳液，從孩子的小指尖輕輕地揉揉孩子的手指，然後到手掌。家長一邊揉著一邊講一些愛的話語。

6. 父母做完後，若孩子願意也可幫父母用愛的乳液揉揉手。

7. 寫下你的心得。

心得感受

天龍八部第六部：

幫助做決定及給責任

一、幫助做決定及給責任的技巧解釋

　　在孩子面對問題時，做父母的不是主動去幫孩子解決問題，而要耐心地鼓勵孩子，幫助孩子自己做決定，做出屬於自己的決定，也就是將屬於孩子本身的責任還給孩子，讓孩子從經驗中學習自己做決定及為自己負責的態度，並不是為孩子承擔所有的責任。

　　試問在平常你會不會因趕時間而替孩子做了很多事情，例如整理要攜帶的東西、穿外套、穿鞋子、提水壺……等，孩子的玩具壞掉了、飲料罐打不開……等，你是不是就幫他修好、打開來了……呢！我想這些幫忙不能說它是錯的，因他有很多現實的考量與限制。但今天若要我們的孩子更有責任、更有自信，讓我們從遊戲式教養時間做個開始，培養孩子一種更好的習慣。

　　幫助做決定及給責任，就是堅守一個信念，「在這段遊戲時間，一切是由孩子主導，一切是由孩子來決定。」

　　當他無法做決定時，同理他可能的感受，但仍告訴他，在這裡一切是由他來決定的。所以，我們常說的一句話是「你想要怎麼玩，就可以怎麼玩。」

　　當父母在面對孩子要求為他解決問題時，態度上是給予支持與鼓勵，而非數落、拒絕或評判，讓孩子感到安全，不

管他的想法或感覺如何，可以儘量説出來，不需要有所顧慮。

二、示例說明

當孩子不想玩時，父母並不需要費盡心思誘導孩子來玩，或驟下結論結束遊戲，只需反應：「你很難決定想先做什麼。」或是「你現在只喜歡靜靜坐著看。」

孩子拿著顏料罐説「我不會開，幫我打開。」父母無須立即為孩子做事，可以説「你弄給我看，要我怎麼幫你。」如果孩子真的需要一些幫忙，可以與孩子一起做，或者父母先做一部分，剩餘部分由孩子來完成。讓孩子在問題解決過程有參與感。

當孩子有不恰當行為，與其制止他，不如給孩子另一個選擇。提供另一個可接納的選擇給孩子，這樣可以增加孩子做選擇的能力。例如：孩子在睡前拿了一大桶糖罐準備吃點心，父母與其喝止小孩，不如很理性地告訴孩子：「你可以選擇拿一顆糖，把剩下的放回去。或是你可以選擇不吃任何糖，由我放回去。」

（例一）孩子想要畫一幅畫，卻對自己沒有信心。

「我不會畫，你幫我。」

「你要畫一張圖，想我來幫你。請告訴我先要做什麼。」

「先拿一隻畫筆。」

「要拿什麼顏色的畫筆呢？」

「藍色的那一隻。」

父母拿了畫筆後。

「要從哪裡開始畫呢？接下來要做什麼？」

（例二）孩子拿著兩個他都很喜歡的禮物，思考要選哪
一個禮物送給朋友。

「我想要送其中一個給我的好朋友，可是我不
知道要送哪一個？」

「你很猶豫要把哪一個禮物送給朋友，這件事
你可以自己決定。」

（例三）孩子面對選擇顏色材料來作畫。

「媽媽，你看看，我用蠟筆還是用木顏色來畫
畫呢？」

「你想媽媽幫你選用哪一種材料畫畫，媽媽覺
得你自己可以決定選用哪一種材料來畫。」

學習札記

～提供機會給孩子做選擇，就是培養孩子負責任的開始～

回家作業（六）

請你跟我這樣抱

步驟：

1. 先和孩子討論今天的遊戲是「請你跟我這樣抱」。

2. 爸媽先把各種抱抱名字寫在小紙張然後捲起來，放進容器裡。

3. 請孩子每次只能選／抽一張，看看抽中的是哪一種抱抱。

4. 參閱以下抱抱名稱與玩法：

名稱	玩法
滾滾抱	親子抱在一起，滾呀滾。
背背抱抱	孩子緊緊抱住爸媽背後，爸媽可以行走或爬行方式進行。
搖搖抱	把孩子抱在懷中，雙腳收攏在爸媽腳上，好像「坐魔毯去玩咯！」搖呀搖，唱唱歌，說說話。
無尾熊抱抱	爸媽扮演大樹，孩子抱在爸媽身上。過後，可輕輕把孩子舉起來，變成「無尾熊上樹」。
環遊抱抱	孩子抱著爸媽的其中一隻腿，爸媽就地轉圈，孩子像是「環遊世界」。
造飛機抱抱	爸媽把孩子抱起來以飛機飛翔的方式去「環遊世界」。
踩腳抱抱	孩子踩在爸媽雙腳上，爸媽可帶著孩子去刷牙洗臉或上床睡覺。

5. 可與孩子一起分享他最喜歡哪一種抱抱方式。

6. 分享與孩子抱抱的感覺與心得。

心得感受

天龍八部第七部：

提供自由及統整

一、提供自由的技巧解釋

　　這個技巧是幫助孩子在遊戲單元中發揮創造力，及用自己的方式來行動。不隨意回答兒童的問題，以保留更多空間給孩子發揮，也不主動冠名稱於孩子所用的玩具或遊戲上，讓孩子有更多自由發揮創造力的空間。父母不要對孩子的舉止與感覺有好壞之分，這些舉止與感覺都可被接納。在接納中的孩子會感覺到自己是一個有價值的個體，但父母要注意的是，接納也不是表示贊同孩子所做的一切。

　　當我們給了孩子一個標準答案之後，自由的創造力就減少了，例如孩子問「我是不是只能畫一個太陽？」、「這個圓圓的東西是什麼？」，當孩子拿這積木玩具在空中揮舞時，不要急著說「我看到你拿著積木在空中飛來飛去」，因此時這個積木在孩子的想像中是一架飛機。你可以用這個、那個、它、他、他們等等來代替。

二、示例說明

　　當孩子打開積木盒子，看著父母問說這些積木要怎麼拼啊？父母可以這樣說：「在這裡，你可以用任何你喜歡的方式來拼。」

　　當孩子準備一幅畫送父母，問父母希望要什麼樣的顏

色，父母可以說：「在這裡，你可以替我決定一個顏色。」

　　孩子拿某件玩具問：「這是什麼？」，父母可以說：「在這裡，你想當它是什麼，它就是什麼。」

　　孩子拿著畫筆，說：「我不知道要畫什麼？」，父母可以說：「在這裡，你想畫什麼，就畫什麼。」

學習札記

～情緒的緩解需要時間，因此要懂得等待～

回家作業（七）

親子畫一畫

步驟：

1. 和孩子約定，安排一個時間一起玩。

2. 準備好蠟筆和一張畫紙。

3. 兩人玩剪刀石頭布，贏的人可以選一個顏色先開始在紙上的任何地方，畫任何他想要畫的圖案。

4. 第二個人也選一個顏色，在同一張紙上畫任何他想要的圖案。

5. 兩人輪流在紙上畫畫，直至構成一幅圖畫。

6. 跟孩子討論這幅畫。儘量讓孩子多說，父母採取的態度是接納、同理的；不批評、不說理。

7. 寫下你的心得感受。

心得感受

天龍八部第八部：

設限與傳遞了解

一、技巧解釋

　　設限的用意：主要在傳達了解、接納、及責任給兒童知道。目標不在制止行為，而是幫助孩子用更恰當的方式來表達動機、欲望、或需求。

　　遊戲治療常是要讓孩子盡情地表露，但若孩子有一些危險或不適當的行為要出現時，則需要設限。也就是不准他做，但決不是用權威、威脅的方式來制止。設限是一項很重要的技巧，若你能體會得到它的內涵，對你管教孩子會有很大的幫助。

二、需要設限的時機

　　（一）兒童不能以任何方式傷害或攻擊父母的身體（攻擊性的言語可接受）。

　　（二）兒童不能擅自離開遊戲單元（上洗手間以一次為限）。

　　（三）兒童不能以尖銳物品破壞不倒翁拳擊袋。

　　（四）遊戲單元進行前先與兒童預告時間，時間到了即結束。

　　另外，不恰當使用玩具及故意破壞物品的情況應加以限制，但不需要事先設限，只需告訴孩子，在遊戲單元中他可

以用很多方式來玩，可以説任何的話，如果有什麼事是不能做的，你會再提醒他。

三、設限的步驟

1. 指認孩子的感受、盼望、及想法。
2. 説出限制。
3. 提供另外可行的途徑。
4. 陳述最後選擇（當孩子打破限制時，別忘了耐心是最高準則）。

STEP BY STEP

◆**步驟一**：先確定孩子的行為是不是需要設限，若決定要設限，覺察一下自己的情緒，不要讓自己的情緒影響了設限的執行，即要掌握溫和而堅定的最高指導原則。

◆**步驟二**：執行三步驟設限

　　1. 明白孩子情緒：「我知道你很想……」或「我明白你感到非常……」等等。

　　2. 訂下設限：「但你不能……（因為……）」或「答案是『不』」或「櫃子的門不是用來踢的」。

　　3. 提供另外的選擇：「若你喜歡，你可以……」或「你可以選擇……」。

◆**步驟三**：若設限奏效，則繼續進行遊戲式教養。

◆**步驟四**：若無效，例如孩子會想再和你討論、討價還價、賴皮、甚至哭鬧……。你則繼續重複上述步驟，但配合行

動來證明。

「我知道你想再討論，但我已回答了這個問題。」

「若你無法修正你的行為，那我們今天的遊戲時間就到此」。（邊說邊站起來）

四、示例說明

如果孩子表現出須加以限制的行為時，建議以下的設限步驟：指認出孩子內心的感受→陳設所做的限制→提供其他可行之道。

（例一）孩子在牆壁上畫畫

　　1. 指認出孩子內心的感受：

　　　「我知道你很喜歡在牆壁上畫畫兒。」

　　2. 陳設限制：

　　　「可是牆壁不是用來畫畫的。」

　　3. 提供其他可行之道：

　　　「你可以畫在紙上或黑板上。」

（例二）孩子拿槍射你

　　1. 指認出孩子內心的感受：

　　　「我可以感覺到你現在很生氣。」

　　2. 陳設限制：

　　　「可是你不能拿槍射我。」

　　3. 提供其他可行之道：

　　　「你可以射在牆上或天花板上，或者假裝那

個不倒翁是我，射在上面。」

（例三）遊戲結束的時間到了，可是孩子說他的畫還沒
上完顏色
1.指認出孩子內心的感受：
「我可以感覺到你很想把畫上完顏色才離
開。」
2.陳設限制：
「可是我們遊戲結束的時間已經到了。」
3.提供其他可行之道：
「下個星期的遊戲時間，你可以繼續上顏
色。」

（例四）孩子想要玩哥哥手上的玩具
1.指認出孩子內心的感受：
「我知道你真的很想玩那個玩具。」
2.陳設限制：
「可是哥哥還在玩。」
3.提供其他可行之道：
「你可以先玩這個（提供另一個玩具），
15分鐘過後你們可以交換玩具。」

學習札記

～成功建立孩子的規範請用詞簡潔易懂，規則明確一致～

回家作業（八）

我的成長小故事

步驟：

1. 爸媽與孩子分享成長故事前必須先把「八格書」做好。

2. 爸媽需要準備孩子成長的照片和爸媽的一些照片（特別照片如戀愛，結婚，懷孕，或現在生活照片）。

3. 爸媽與孩子一起剪貼照片。

4. 「我的成長小故事」裡的資料可由爸媽填寫或與孩子一起填寫。

5. 爸媽開始與孩子一起分享「我的成長小故事」。

6. 在分享過程中，聆聽孩子的好奇，提問或感言。

八格書格式參考

	幼兒	3–6歲	小學／現在
我的照片 （孩子）			
	戀愛	結婚	懷孕／生活照
爸媽的照片			

心得感受

觀念分享

Part.3

一、兒童靠遊戲表達情緒，靠遊戲表達思想，靠遊戲描述他生命中的重要經驗

　　兒童最習慣的、最喜歡的東西是玩具，他們大部分的時間花在遊戲。花一點時間觀察兒童的自發性遊戲，就會發現兒童可能無法很精準地用語言來表達他們的想法、觀點、挫折、憤怒，但他們很習慣透過遊戲來玩出他們對某件事情某個人的想法、情緒、挫折和壓力。

　　這也就說明「兒童靠遊戲表達情緒，靠遊戲表達思想，靠遊戲描述他生命中的一些重要經驗」。「辦家家酒」遊戲大概是人類共通的回憶，相信每個人在小的時候都玩過「辦家家酒」，兒童透過這樣的遊戲過程，呈現出他所知覺到的世界，也玩出許多在現實生活中無法滿足或完成的夢想。小男生扮演成一個警員、超人或大力士，拿著精良的武器拯救世界，這樣的遊戲過程滿足了這位小男生好多的幻想，也讓他感受到自己是很有能力的一個人。小女生扮演媽媽煮很多東西給小BABY吃，煮食物的過程還有可能聽到他講述一些在生活中經驗到的一些事情，如「要乖、不可以偏食、爸爸會生氣……」等內容，以上這些都應證了「兒童靠遊戲表達

情緒，靠遊戲表達思想，靠遊戲描述他生命中的一些重要經驗」。

二、注意到孩子的什麼行為，那個行為就會被保留下來

人的一個基本心理需求就是「每個人都需要被注意」，試想如果你穿了一套新洋裝或燙了一個新髮型到公司時，若都沒有人發現你穿了一套新洋裝或燙了一個新髮型，你是不是會覺得很失落，甚至會有點難過呢？另外，若一個人在公司或某個團體中，像空氣般的沒被注意到，他會有成就感或滿滿的工作動力嗎？我想是沒有的！

當一個人表現出好的行為或言行而被注意到時，他這個好的行為或言行就會保留且持續出現，因他的這個「好行為」被「注意」到了。

三、提供機會給孩子做選擇，就是培養孩子負責任的開始

容許孩子「選擇」也就是給他一種能力的象徵，更是在滿足孩子內在自主的需求。孩子通常在做選擇時，常會說「我來！」、「我可以！」這是一種能力的展現，也是培養自信的開始。

在日常生活中，每位孩子一開始都很樂意學習承擔及負責的，所以，你在幼兒園常會看到，當老師問「誰會？」、「誰要來做？」、「誰來幫忙？」……我敢保證孩子們都是

雙手舉高高的爭先恐後地想要來做！！

　　當孩子剛學會走路、剛開始學會拿湯匙時，都會想自己去拿、自己去探索、自己吃飯的，因這都是在展現「我可以」、「我能夠」的一種我能感。所以，當你的孩子常說「我知道！」、「我會！」、「我來！」時，這些都是他的選擇，同時也是在學習負責，恭喜你也恭喜你的孩子，千萬不要剝奪了他成長的機會。因太多的父母會覺得孩子做得不夠好、不夠快、不夠乾淨……，而不讓孩子做，或替孩子做了，明明是孩子想做且證明自己是有能力的，但卻被大人給搶去做了！這不僅是剝奪了孩子學習成長的機會，甚至還會讓孩子很挫折。

四、完全不理會孩子的情緒會讓孩子有失落與孤單感

　　「情緒是要百分之百的被接納」，當孩子有情緒、情感的表露時，不管是正向或負向的情緒，請記得都要回應孩子的情緒，因一個人的情緒感受沒有被回應是會有很失落的感覺。試想你因為一件事情在難過、生氣、擔心……，卻沒有人理會時，你整個人會有很孤單的感覺。若有一個人知道你有這些情緒，可是卻不理會你這些情緒，你可能會感覺更孤單之外，還會有很強烈的失落。

　　獨處或一個人並不可怕，但孤單與失落才是讓孩子害怕及無法承受的！

五、以具體行動替代口語的提醒

以具體行動替代口語的提醒：當你要提醒孩子做某些事情時，轉個念頭吧！用行動來帶著孩子完成你期待他做到的事情，例如就牽著孩子的手到書房讀書；自己也關上電視或手機，專心地陪著孩子；要提醒孩子考試就要到了，不如端杯果汁給孩子喝。讓孩子感受到你對他的關心與支持。當你看到孩子回應友善的表情或口語時，也有助於父母降低焦慮與擔心。

六、專注地陪伴～停、看、聽

「聽」雖然是本能，卻不是人人都「會聽」。人際關係建立的根本在於傾聽，會聽才能有所成長，若光只是說，沒人要聽、沒人要回應。那就像棒球賽，只有投手、沒有捕手，不能成賽，只會說卻不會聽，也不能造就一個好的溝通與好的關係。

因此，我要說的是「良好的關係起始於用心聆聽」。

基本功是「專注地陪伴～停、看、聽三步驟」。

停：也就是停下手邊所有的事情，不要一邊狀似陪著孩子，一邊還在做自己的事情。不僅如此，還要你不去想著還有哪些事情沒做完，這才有可能做到所謂的專注陪伴。

看：專心、專注地看著他。請你打從心中的願意與欣賞的態度看著孩子，孩子才會覺得你是在陪伴他，而不是在監督或觀察他的言行。

聽：就是很有興趣地聽他講，請先好好地聽他講，有耐

心地讓孩子講完話，不僅不要打斷他的說話，更不要急著提醒、糾正或教導孩子。記得這句話「要孩子聽你的話，請先學會聽他講完話」

　　停看聽就是一種百分百的專注，這種專注會讓人覺得自己是被喜歡、被接納、被肯定的！請你拿出或想像熱戀中的男女朋友互動時的態度，都是將「停看聽」做到最佳的貫徹！

七、具體地反應孩子的努力過程，而非僅針對結果做讚美

　　就是當孩子的行為表現出他的能力時，父母如果能反應出來讓孩子知道媽媽有看到他的表現，那麼你的用心與肯定，便經由這些點點滴滴的過程，讓孩子相信自己是有用、有價值、有能力與受到重視的個體。父母用的是正向積極的態度與方法，對孩子正向行為予以鼓勵，從小處給予肯定，這樣的方式便是尊重並欣賞每個孩子不同的優點。

八、情緒的緩解需要時間，因此要懂得等待

　　當孩子索取或逃避責任時所衍生出來的情緒，爸媽要溫和而堅定堅守原則：如賴皮不遵守原先講好的規範、某些要求沒被同意（通常是物質性的東西）、做錯事情想逃避責任……等出現的哭泣、生氣……等情緒時，爸媽反而要冷處理孩子的情緒，亦即不要想緩解其情緒而同意其要求，反而是要溫和而堅定堅守原有的規範，接下來就是給孩子時間去

處理自己的情緒，而不是去安撫其情緒。

情緒的緩解需要時間，因此要懂得等待。

這點非常非常重要，亦即不管是前述的第一種安撫及接納孩子情緒，或第二種情形溫和而堅定地堅守原有規範，冷處理孩子的情緒。接下來都要讓孩子有機會學習處理自己的情緒，也就是要各位爸媽學習「等待」，讓孩子有時間、空間、有機會用自己的方法來覺察及緩解自己的情緒。

九、成功建立孩子的規範請用詞簡潔易懂，規則明確一致

溝通不是一件容易的事情，不管孩子多大，不要以為我們講的話他們都聽懂了。很多時候孩子不是不聽話喔，而是你講的內容跟他所理解的可能是不一樣的！所以請用詞簡潔易懂，甚至要配合實際的帶領做一次才會有效。且在要求孩子修正某行為時請只要焦點一件事情或行為即可，這樣也才不會失焦。教孩子有時沒什麼撇步，就是帶著他做，再配合你簡潔具體的說明。另外就是，在建立孩子某個規範時，不要說道理及長篇大論喔！那會失去焦點，孩子聽了很多，結果是什麼也沒進到他的腦子及心理。

「不要讓你的管教像月亮，初一、十五不一樣」，那孩子就很難有所遵循。簡單說就是要明確一致，再來就是你的要求要講的簡單具體：不乖、不聽話、不懂事、壞壞、愛耍脾氣……等等都是抽象的描述，請就針對你要求的行為具體地描述出來即可：「請在9點前躺在床上。」、「現在就請把玩具收到籃子裡。」

馬來西亞帶領員心得分享

Part.4

同在，最有力量的陪伴！

陳漢梅

　　遊戲式教養團體給我最深刻的印象是媽媽們的開放度及凝聚力。

　　在第一次團體的兩個遊戲後，很快地大家就打破隔膜熟絡了，這讓我見證到遊戲不止對小朋友非常的重要，同樣的，遊戲對成人來說，也是生活中不可缺少的部分。

　　遊戲活動活躍了現場氣氛，緩解學員們的緊張心情，促進彼此之間的認識與溝通。遊戲後，大家變得放鬆，展現更多的微笑及表現得更友善，也因此大家很快就在愉悦的氣氛中記住了彼此，建立了良好的關係並逐漸開始交流。

　　由於大家都彼此信任，因此接下來的活動，無論是分享自己的心情還是討論教養課題，大家都很真誠地解剖自己的困頓及家庭問題。幾乎每一次分享自己的內在時，都有學員碰觸到囤積了許久的情緒，大家都允許如此真實的情緒梳理，毫不矯飾，毫不做作，有時在描述過程充滿劍拔弩張的

情緒。在敘述後，哭泣後，及其他學員給予接納及支持的回饋後，原本情緒滿滿的學員，在被同理及關懷的氛圍中，情緒不但得以流動，甚至找到新的力量繼續面對生活的挑戰。學員們彼此營造的溫暖及滋養的氛圍，感動著彼此，每一次活動過後都讓彼此更加靠近和信任，讓大家都感覺能遇見彼此是件幸福的事。因此她們都很期待每一堂課的到來，傾聽彼此的心聲，分擔彼此的焦慮及分享彼此成長的喜悅。

除了第一次的團體課有用投影片檔案檔詳細講解「二不三要」的概念之外，其他的技巧都穿插在影片分享與討論的環節。開始時，學員們都擔心「特別遊戲時間」是否能順利進行，自己能否把技巧運用得好，孩子會有怎樣的反應，總之就有各式各樣的擔憂與焦慮。不過，當觀看了第一個影片後，通過積極的討論，加上有實務操作經驗的媽媽們的分享，以及彼此鼓勵肯定的回饋，大家的信心增加了，頓時覺得其實並沒有自己想像中的那麼難，覺得做就對了。

每一次的團體課，主要分為三個部分；第一個活動為心情分享，運用情緒卡或能量卡讓學員們能更靠近自己。學員們飽滿的情緒使我覺得這個環節特別重要及珍貴，因為這個環節提供了一個安全的空間讓她們抒發情緒。有位特殊兒媽媽，她覺得沒有特殊孩子的媽媽是不會理解她的困頓，所以她一般都不願意分享自己的狀況，可是她沒想到可以在這團體開放自己，感覺找到了一個可以抒發自己情緒的空間，並且得到很多溫暖的關懷與中肯的鼓勵。雖然其他學員都沒有特殊兒，可能也無法明白她面對的挑戰，可是難能可貴的是

她們的傾聽，她們的同在，讓她覺得不再孤單。這份願意傾聽、這份與她同在給了她一股繼續邊走邊探索的力量。

通過心情的分享，大家對於自己的狀況，尤其是情緒，有更多的覺察及了解。其中一位學員表示說，她現在除了能夠更敏銳地辨識到自己的情緒之外，她也懂得以正向的方式表達自己的情緒及想法。她覺察到當她更能接納自己的情緒的當兒，情緒就被安撫了，自己也變得安穩了。她也學到肯定自己，看到自己的努力，可以接受不完美的自己。接納自己會對孩子發脾氣，肯定自己在學習成長中，對孩子也比較寬容。

另一個學員則透露，她在教育孩子的觀點上不再一味地把焦點放在孩子的問題上。以前的她常為了孩子的問題感到焦慮及沮喪，非要找到解決方法不可。不過，現在她可以接納孩子的狀況就是如此，她相信只要孩子感受到她無條件的愛，孩子自然會做出改變。

第二個部分是影片分享及討論，通過學員們積極地參與討論和發問以及真誠的回饋，看到這個環節不止提升了學員們的自信心，也讓學員們有很多的領悟，尤其是對於自己身為媽媽的角色有更多的認識及覺察。一般上，我們從媽媽的影片中找出我們要複習的技巧，因為這樣可以有真實的例子讓學員們更清晰地了解。我們也會邀請學員分享她們自己的經驗，以她們自己的實務操作經驗分享，會得到更多的共鳴。所以整個團體幾乎都是學員們互相分享，討論及回饋，我們只是催化及補充。

　　有幾位學員提到當觀看自己的錄影時，她們看到自己與孩子的互動模式如何影響著孩子。這份覺察提醒了她們，如果要提升與孩子的關係及讓孩子的成長更健康，她們必須要打破如此的互動模式，重新建立更合適的互動模式。例如，有一位學員分享，雖然她都是用溫和的語氣要求孩子做事要跟著她的規範，可是對孩子來說，那可能是一種不可違抗的命令，所以孩子都會跟著媽媽的話去做，她連結到孩子的膽怯，不敢嘗試新事物的個性。另外一位學員則覺察到原來在平時的互動中，她常常會給孩子很多的建議，這也造成了孩子依賴的個性。

　　雖然課程還在進行中，不過大部分學員已把遊療技巧學以致用地運用在生活中。上「遊戲式教養」課程之前，當孩子有情緒時，她們都覺得很煩惱，因為不懂得怎樣安撫孩子，往往最後都是不歡而散或大哭大鬧收場。自從學會了情感反應之後，她們發現這個技巧能快速地安撫孩子的情緒，甚至是當孩子被安撫後，他們會配合媽媽的要求。例如一位媽媽分享，當她同理了孩子在臨睡前想要玩玩具的渴望後，孩子不但不吵著要玩，還乖乖地應媽媽的要求上床睡覺了。

　　有兩位媽媽因為必須自己獨自照顧三個孩子，所以她們無法撥出時間單獨個別陪伴孩子。不過，她們卻很會應變，把遊療法概念及技巧運用在生活中。其中一位媽媽會讓三個孩子每天在臨睡前的10分鐘有特別遊戲時間，那是屬於她們三姐妹的獨特時間。另外一位媽媽則會一邊照顧最小的孩子，一邊跟兩個大的孩子玩情緒卡。透過這個遊戲，不止提

供孩子們一個機會抒發他們的情感，也讓媽媽更了解孩子們的真實狀況及內在感受。除此之外，媽媽不帶評價的專注傾聽，讓孩子們感受到媽媽是與他們同在的。

最後一個環節的活動，一般上都會設定為如何傳遞正向的情感，以便學員們是帶著一股正能量回家的。印象最深刻的一次是邀請學員們互相說一句最想對彼此說的話，大家給予對方的不僅僅是一句肯定或祝福，而是滿滿的關懷與呵護，當時的氛圍被一股暖流包圍著，感受到濃厚的愛在流動。學員們的互相陪伴與滋養，讓我臨時在結束前邀請大家一起來個團體大擁抱。下課後，這股溫暖的感覺繼續發酵，大家立刻拍個團體照，然後表達對於下個星期課程結束的不捨，開始討論及策劃課程結束後的聚會。

謝謝你們這份珍貴的禮物

黃愛萍

帶領此次遊戲式教養團體課真是有滿滿的感動與學習。

第一堂課，學員們都帶著滿滿的期待與好奇來上課。為什麼這麼說呢？當有一位遲到的學員走進來坐下，自我介紹後，就說：「請問是不是每次的團體課就是看影片和分享？其實，我想知道接下來的團體課我們學什麼？」接下來學員們都提出了她們面對的問題或疑惑。

1. 我平時都有陪伴孩子玩，我需要特定一個固定的時間陪孩子玩嗎？

2. 我需要買其他玩具嗎？（要根據遊療五大類型玩具）

3. 孩子只有1歲或2歲，怎麼陪伴他遊戲？

4. 孩子的玩具都在櫥裡面，要把玩具搬出來，過後要把玩具收回去嗎？

5. 不懂得怎麼陪玩！不懂這麼做對不對，不敢錄影。

6. 每次固定式陪伴孩子遊戲，孩子會不會很悶，可以教導或指導他們怎麼玩嗎？

當我聽到這些問題時，我看到媽媽／爸爸的心理需求與焦慮，大家其實是願意陪伴孩子的，即使生活與工作是那麼忙碌，但要如何做呢？會有效果嗎？

我在第一堂課就以《遊戲式教養手冊》裡秘笈一——「二不三要」開始帶領大家學習遊戲式教養。我以討論、發

問、反問、舉例父母陪伴孩子遊戲的的方式等讓學員們複習與了解「遊戲式教養」裡是如何進行陪伴孩子遊戲。我也鼓勵平時已有陪伴孩子玩遊戲的爸爸和媽媽（全職媽媽）在陪伴中做一些小小的調整（比如：和孩子討論遊戲時間、地點、遊戲材料的選材）繼續陪伴孩子遊戲。同時，也鼓勵還沒開始的爸爸媽媽們先把各種因素先排除，先進行短短時間（15分鐘）的陪伴。然後，我鼓勵學員們嘗試在陪伴中運用「二不三要」。

在帶領團體課過程中，最讓我印象深刻及感動的就是大家的凝聚與信任。看見組員的互相信任、坦誠分享、正向的鼓勵、互相的學習與珍惜，我覺得好感動與開心。學員們對「遊戲式教養」與「團體課聚會方式」從原本帶著滿滿的疑惑到今天對「遊戲式教養」的認同與實踐，學員們在陪伴孩子遊戲過程中的改變與調整，真的是太棒了！

在團體課程結束之後，學員們也對「遊戲式教養」的學習、陪伴孩子遊戲的過程及經驗做了分享。

星兒爸爸：

我很幸運因為在工作坊之前一晚出席了如安老師的講座得知第二天有工作坊，可是已經滿額了。負責人說如果第二天若有人退出會打電話給我。第二天8點多真的接到電話說我可以參加工作坊了。我一直在找方法如何幫助家中的星兒。我也有參加其他課程。在家有時也會陪伴孩子一起遊戲。可是，一直都是由我主導怎麼玩。學習了「遊戲式教養」後，在陪伴孩子遊戲時，開始把「二不三要」和技巧運

用在其中。以這樣的方式陪伴孩子遊戲，發現孩子很開心，很放鬆地玩。自己也覺得很放鬆，沒有壓力。陪伴孩子遊戲，自己變成孩子的玩伴。在遊戲中提供孩子選擇權和自由，發現孩子的主導的能力和創造力。因為之前的陪伴是我主導孩子怎麼玩，孩子需依據我的玩法達到我的要求。以前把教養孩子的問題都交給媽媽負責。上了「遊戲式教養」後，發現陪伴孩子玩遊戲很重要，應該多陪伴孩子。我很喜歡團體課的學習方式，大家互相分享影片和分享教育孩子的資訊。通過討論互相學習各種教養孩子的方法，如何陪伴孩子，明白孩子的情緒，如何設限與提供選擇，看見孩子做到的行為時說出：「你會……」、「你能……」、「你可以……」口語來幫助孩子建立自尊。以前在玩遊戲時，很擔心孩子，處處幫孩子做決定，現在開始學會慢慢讓孩子選擇和給予孩子一些責任（生活中他的能力範圍可以做到的）。

文文媽媽：

我很喜歡上課程，所以上了很多課程，一方面是職業上的需要，另一方面因為發現現在孩子的教養不一樣了。原本帶著猜疑的心來上課，看看是不是六次的團體課如果只是分享影片而已，它和其他我上的課程有什麼分別。這六次團體課，在技巧方面的學習，讓我更了解如何對孩子做「設限」的部分。然後我把課程中的學習用在學生身上。我學習到如何陪伴孩子（自己的孩子和學生），了解和同理他們。我很喜歡團體課的進行方式，從影片分享中看見大家如何用不同的技巧陪伴不同年齡的孩子。發問最多的我也被大家接納。

我很喜歡這團體課的方式，很有素質的分享，不同於我在其他團體中的一些教養分享，只是根據個人的看法發表意見。團員們的願意傾聽，讓我在教養和教育路上並不孤單。我對孩子的愛是一樣的（自己的孩子和學校的孩子）。在一次陪伴遊戲中，看見孩子把平時我帶她去圖書館借書的過程在遊戲中一一地演練出來。我希望成為孩子成長路上的陪伴者，接納與包容他們，讓他們在快樂中學習，在學習中快樂成長。這次的團體課所獲得的是超越「遊戲式教養」。如果時間配合到，期待可以參加「遊戲治療」五階工作坊。

白雲媽媽：

孩子在華特福學校上課，華特福教育不主張玩塑膠玩具，所以，平時孩子都是玩木製玩具，也常把石頭、樹枝、花草當玩具來玩遊戲。所以，上了「遊戲式教養」有一些疑惑，我要換玩具嗎？之前不懂什麼是「遊戲」。上課後，才知道從孩子「遊戲」中看到孩子的想法。在陪伴孩子遊戲過程中看見孩子在「玩」背後的想法與情緒。現在開始認真學習如何真正陪伴孩子。孩子慢慢長大，希望可以繼續學習，孩子遇到問題時，可以幫助孩子。

小太陽媽媽：

自己是全職媽媽，上課後對孩子「玩」有新的看法。反省自己之前在教養孩子上的一些錯誤。看見孩子在玩遊戲時很放鬆，願意讓孩子可以做自己。喜歡聚會時每次有「小主題」的討論，遇到問題時，知道如何面對與解決。

亭子媽媽：

　　以前覺得買玩具或讓孩子擁有太多的玩具好像是太寵孩子。孩子「玩遊戲」好像是浪費時間。現在發現，孩子有各種不同的玩法。在陪伴孩子玩遊戲的過程中看見孩子玩遊戲背後的意義。現在願意買多一點玩具給孩子玩。我好喜歡這樣的團體課，可以認識一群愛教育與學習的媽媽。看影片、討論、示範很好的學習方式，它不同於一般「家庭主婦式」的分享方式。

小佩媽媽：

　　之前我不知道什麼是遊戲，不懂得如何陪孩子玩。上課後，對玩遊戲有認識，改變玩的看法。原來還有各種的技巧可以應用在陪伴孩子遊戲過程，建立親子關係。從每次團體課都有滿滿的收穫。看影片討論學習印象深刻，討論後更了解如何陪伴孩子。

燕子媽媽：

　　我之前有接觸過「遊戲治療」。孩子還在等待著某某NGO做遊戲治療。上課後，知道原來媽媽可以陪伴孩子遊戲。聚會的影片分享、討論讓我更了解如何把技巧用在陪伴孩子遊戲過程，我慢慢開始學習與看見孩子行為背後的意義。

愛・接納・滋養——以生命影響生命

沈欣慧

　　從事遊戲治療這些年，看到父母和孩子在受苦。然而，自己的力量很單薄，能幫助的人那麼有限，心裡總是很不忍。2016年11月，有幸上了鄭如安老師的「遊戲式教養」培訓，有一種找到答案的雀躍，很想把這麼好的課程推廣出去，讓更多的家庭受益。

　　感恩我服務的單位還有如安老師的支持與信任，隔年的3月和7月，和夥伴月雲一起開辦了「遊戲式教養父母團體」。3月的團體課安排在五個週日，共有10位家長來參與，孩子年齡由兩歲多到十多歲，讓我們感到開心的是其中更有兩位爸爸。7月的團體課是專為全職媽媽開辦的，所以時間安排在週一早上。這次共吸引了13位媽媽參與，孩子年齡由四個月到11歲。

　　兩次的團體課讓我們見識了遊戲式教養的魔力。學員們給予的回饋是立即性的，上課所學習的技巧，回去在孩子的身上練習後，下個星期來馬上就讓我們知道效果。每一堂課，我們都是收穫滿滿。看到學員們從第一堂課滿腹疑問，到後來得心應手，成就感很大。然，更大的成就來自於學員們心態上的改變。遊戲式教養強調的是尊重與接納。我們教導父母尊重孩子、信任孩子，接納孩子所呈現出來的，不管

是正面或負面的情緒，讓孩子能成為他自己。因此，在帶領團體的過程中，我們也尊重、信任並接納學員們所呈現的每一個面貌，從而讓學員成長自己，也成長孩子。這態度，正是我們與如安老師互動時，從老師的言行中經驗及學習的。這也成為我們在帶領遊戲式教養團體時秉持的精神。

印象深刻的經驗

　　兩次帶領都有不同的體驗。對第一個團體課印象比較深刻的是學員彼此之間的支援與鼓勵，其中一位學員分享了自己家庭的困境，大家因此也分享了自己的故事，那堂課雖然不是談技巧，卻也讓大家體驗到彼此尊重、彼此信任及彼此接納的力量。

　　為了讓學員間彼此支援的力量有所延伸，我們開了一個WhatsApp群組，學員們會分享自己在運用了親子遊療技巧後的疑惑及喜悅。第二個團體課時，因為常聽到媽媽們對孩子的「抱怨」，我們決定做一個小實驗，培養她們去「看到」孩子的長處與優點，及所做出的努力。我們要求媽媽們每天在群組內分享一個孩子的「好」，這個功課帶來的效應出乎意料的正面。媽媽們在群組內分享的雖然都是孩子一些日常會做的事如幫忙做家務、自己整理好書包、跟媽媽道晚安等，但因為刻意去「看到」，媽媽們發現自己平時沒有發現的——孩子的真、善、美。每天看媽媽們的分享，也為我自己增添了很多正面的力量！

　　全職媽媽的身心狀態也是在帶領第二個團體課時讓我非

常關注的一件事。發現部分媽媽把自己完全奉獻在家庭裡，無暇去照顧自己的身心，導致來上課時都是帶著疲憊及很多的負面能量。因此我們加入了「正念」練習，每次上課前做冥想，為自己注入正能量，也鼓勵學員在家裡練習5分鐘的「正念暫停」（Mindful Stop），在繁忙的日程中給自己留一處獨處及喘息的空間。幾個星期下來，看到好幾位學員媽媽的精神狀態都較為放鬆，也比較願意開放分享自己的想法和感受。我想，除了帶領過程中讓學員們感到安全及被接納，學員自己的身心狀態改變也是一個關鍵！

學員的回饋學習經驗

在課程結束過後，我們讓學員填寫了回饋表，以下是來自學員的一些回饋：

1. 你這次課程中最大的收穫／學習是？

- 看到自己的問題，看到孩子的渴望。
- 通過課程形式，讓自己從內心體會如何和孩子相處，如何重視孩子「人」的本質，而不是一直看孩子的「行為」。
- 學習到不一定要用硬的方式來教育孩子才行。了解孩子內心的需求，接納他的人可能會更有效。
- 學習到如何重拾初心，專心地陪伴孩子，給每一個孩子特別的注意力。
- 同理心與陪伴是最大的收穫。我要多加陪伴。
- 沒有所謂的問題孩子，只是孩子的需求沒有被看到。做

媽媽的一定要「定」，別讓孩子的行為或情緒影響。「優質」的陪伴是整個學習的重心。

- 「看見」孩子的情緒，同理及陪伴確實可以有效地促進親子關係。

- 這「特別時光」很特別，是有技巧的，是有參與性的，之前的陪伴應該都只是「Physical」的，並沒有「emo」&「mental」。讓我學到給孩子跟我自己很好的陪伴時光。

- 陪伴、同理會深深地注入我本身。學習以媽媽的角度去看孩子，而不是以大人的角度去陪孩子。

- 學會與孩子更有效地溝通。

- 同理、尊重、接納，和孩子如何相處。

2. 親子特別時光開始後，你有發現自己和孩子有什麼改變？
- 孩子比較願意配合、等待。

- 孩子會勇於表達自我的能力與需要。

- 更親密。

- 孩子比較願意聽話。

- 孩子對遊戲時段特別期待，在行為上也願意配合。

- 孩子變乖了，會主動去做家務。

- 孩子會期待下次玩遊戲時間，從中也會講一些他平時在生活中遇到的問題。

- 孩子的情緒比較穩定，即使負面情緒升起時，只要同理他，就可以瞬間安撫其情緒。

- 通過遊戲更了解孩子更容易也自然就能與孩子溝通。

　　學員的回饋是非常令人鼓舞的。父母學習到不再讓生活的節奏追著跑,「停下來」全心全意地陪伴孩子。他們開始以一種「新」的眼光來看待孩子,不再被自己過去的經驗「囚禁」。他們更能了解孩子的需要,更能承接孩子的情緒,也更願意去聆聽、陪伴孩子。每個星期30分鐘的親子特別時光,父母運用所學習到遊療技巧,以尊重、同理、及接納的精神陪孩子玩。遊戲式教養不只改變了親子關係,最重要的是改變了父母,而正因為父母的成長,孩子也成長了。套一句學員的回饋:「沒有問題孩子,只有需求沒被看到的孩子。」

概念與技巧的帶領

　　遊戲式教養的概念與技巧看似簡單,要讓完全沒有經驗的父母理解,還是有一定的難度。父母開始來上課時以為我們要教的是一個個遊戲,讓他們學習了可以回去和孩子一起玩。當我們講解遊療的概念及技巧時,父母們是充滿疑問的:

　　只是陪孩子玩,就可以解決孩子的行為問題了嗎?

　　要如何不問問題?

　　什麼問題都不可以問嗎?

　　孩子不會覺得我們很奇怪嗎?

　　面對父母們的疑惑,我們除了運用手冊上的資料,也找了一些示範影片讓父母先有部分的了解。在概念的說明上,

帶領者本身的遊療成功個案經驗分享會增加父母們對此教養方式的信心；引導父母去回想自己和孩子的相處經驗，甚至是他們自己小時候與大人互動的經驗，也能讓父母更快地了解我們要帶出的概念。

遊療技巧的說明方面，手冊上的例子幫了很大的忙。然而，技術性的知識需要親自動手才能體驗，因此我們也非常注重演練。由於我們是兩人一起帶領，因此我們把學員分組，帶領員在小組內和學員一起練習。有時是帶領員當小孩，學員當父母練習技巧；有時是其中一位學員當小孩（體驗小孩的心情），帶領員當父母做示範；有時則學員自己組成三人小組練習，一人當小孩、一人當父母，另一人則當觀察員，練習後再互相回饋，帶領員則走動在各組之間指導及帶動。剛開始練習時，學員們覺得有點彆扭、不自然，但幾次的練習下來，大家比較熟悉如何運用技巧，帶領員也能適時地解答學員們提出的問題。

回家練習及錄影其實是技巧掌握的最大關鍵。因為有這個「功課」，父母們在上課時都很用心地學習，回家後嘗試運用在跟孩子的互動上，並把遇到的問題帶回到團體中提出。所以為功課錄影時，他們都已經大概掌握了親子遊療的基本技巧。

總結

這兩次帶領遊戲式教養團體課的經驗讓我自己收穫良多。我自己有兩個孩子，從事遊療約十年，一直在摸索著如

何把我所學運用在和孩子的互動上。當治療師的角色非常明確，界限也很清楚。但當媽媽要成為自己孩子的治療師，挑戰非常大。要如何拿捏其中的界限，是我學習了遊戲式教養，並在帶領團體時才逐漸看到端倪。

當治療師時常對父母說要如何如何對待孩子，總覺得自己是孩童的代言人，卻看不到父母的掙扎與無奈。如安老師的課給了我紮實的一棒，讓我看到自己一直以來的盲點。帶領團體，我聽見了父母的聲音。尊重、信任及接納的精神讓我能與他們「共頻」，從而帶領他們回歸內在本有的愛與智慧，就如我們希望他們能帶領孩子一樣。

感謝如安老師的無私，讓馬來西亞的我們也能受惠於這麼好的教養方式。每個孩子都是獨特的，每個父母也是獨特的。遊戲式教養讓每個人，不管是父母或孩子都能展現自己獨特的生命，並能融洽地以愛交匯，彼此滋養。

「遊戲式教養」讓我們學習如何陪孩子玩

林致承

遊戲是孩子健康成長過程中不可缺乏的元素，遊戲能夠帶給孩子歡樂，孩子從玩樂中得到喜悅與歡笑，遊戲能夠協助孩子去探索他們的世界，發揮他們的想像力與創造力。孩子在遊戲中學習成長、表達自己、與他人互動、與世界連結，孩子在遊戲中體會到成功的喜悅，被肯定的我能感，失敗的挫折感。對於孩子來說，父母是他們最有意義的玩伴。父母是孩子成長階段的重要人物，父母能夠專注的陪伴孩子遊戲，對於促進親子關係與孩子的健康成長是非常有幫助。遊戲式教養團體課的目的就是協助父母學習如何陪伴孩子遊戲，如何運用遊戲治療的理念與技巧在孩子的教養工作上。

首先，我感謝鄭如安老師的邀請，讓我有機會參與遊戲式教養的父母團體課，在這團體課中，我們與父母們一起去探討如何有效的陪伴孩子遊戲，創造有意義、正向且有價值的遊戲陪伴時間給孩子們。

我帶領的六次團體課中，能夠有效協助父母學習與成長主要分為以下兩個部分；

1. 父母分享時間

我在團體課開始的時候，會帶領父母們做心情報告。主要是報告過去一週在親子互動的狀況，運用實踐遊戲式教養

理念與技巧的進展及面對的挑戰。

父母們在這環節都很積極的分享，他們分享了各種各樣關於孩子教養的問題，包括孩子的情緒問題、手足爭寵、孩子的對抗態度、行為問題、溝通問題等。有些父母分享時還蠻有情緒，在這環節，父母互相分享與聆聽，並互相給予支持與建議。這環節給了父母一個安全的空間去抒發他們的問題、挑戰與情緒，並討論如何實踐遊戲式教養在這些日常的親子問題上。在父母的回饋中，他們都認為這環節對他們幫助很大，可以分享自己的問題，也能了解其他父母的問題，並得到支持與力量。

2. 遊戲式教養技巧探討與演練

這環節主要協助父母掌握遊戲式教養的理念、態度與技巧。這環節的進行方包括：

i. 透過投影片檔案與學員複習遊戲式教養的一些理念與技巧，及如何運用在日常生活。

ii. 觀摩親子遊戲時間影片，這影片觀摩能夠協助父母了解如何將遊戲式教養的技巧應用在每週的親子遊戲時間，影片觀摩能夠讓父母體驗在落實親子遊戲時間所面對的問題、挑戰及其克服策略。

iii. 影片觀摩後，父母會分組討論，討論是針對影片中各種技巧，如何有效的回應。這討論能夠讓父母們積極參與，並練習如何有效的運用各種技巧。

在帶領這團體課，讓我最深刻印象是父母的分享時間，在這環節，父母們能夠擁有一個開放的空間去分享他們在親

子教養的問題與挑戰，並能夠抒發他們內在的情緒。其中有一些父母分享到非常有情緒，抒發他們內在的委屈與無奈。這分享環節讓父母覺得不孤單，其面對的問題，每位父母也都在面對，並互相分享他們如何應對，及互相討論克服策略。父母一直在此分享環節中，彼此幫助，互相支持，提出個人的見解和看法，分擔相互之間的困難，取長補短。父母們都認為在這分享環境中得到學習，成長與力量。身為帶領員，在此環節中我扮演了催化員的角色，我主要是做聆聽、反應內容、反應情緒，鼓勵其他父母也分享類似的經驗及他們的應對策略。對於父母的努力與付出，在適當的時候，我運用「提升自尊」去肯定父母。在此次的團體課中，有一個大部分父母都面對了「手足爭寵」問題，我主動去探索這課題，並帶來大家去討論研究如何運用遊戲式教養在這問題上，父母們學習運用反應情緒、反應意義、提升自尊及設限在「手足爭寵」問題上。父母發現當孩子的期待與感受被了解及滿足後，爭寵行為就會減少。

在帶領這團體課，有兩個案例是讓我特別的感動。這兩位父母嘗試運用遊戲式教養在親子互動上，並得到正面的效果。

案例一：

一位孩子只有十個月的媽媽，孩子太小，只會說嬰孩語，此年齡是還不適合安排一週1小時的「親子遊戲時間」，這媽媽嘗試運用遊戲式教養的技巧在與孩子的日常互動與玩樂中，她運用了追蹤描述行為、反應情感、反應意義

等。孩子可能聽不懂她説什麼，但她深信孩子了解及明白她在做什麼，她發現孩子的笑聲增加了。感覺孩子也比較聽話了。

遊戲式教養不止能夠運用在遊戲中，它也有效的運用在日常生活中，對一位才十個月嬰孩也能產生正面效果。

案例二：

一位繼母，與丈夫前妻的孩子關係緊張。他是男生，約10歲。這個孩子對於這位繼母非常的不友善，也呈現了很多對抗行為，在學校蠻叛逆，時常為老師們帶來很多問題，這孩子與爸爸的關係也不親密，朋友不多。這孩子內在蠻多情緒，缺乏親密關係的滋養，感覺蠻孤單，時常以對抗行為引起注意。這媽媽認為她需要為這孩子做一些事情，以協助他得到關懷，這媽媽為他安排每週30分鐘的「親子遊戲時間」。一開始，這孩子滿抗拒，也不給予配合。媽媽沒有放棄，堅持一週1小時陪這孩子遊戲，逐漸的這孩子能夠接受媽媽的安排，並開始投入遊戲中，並玩得開心，幾週後，這孩子反而向媽媽表示非常期待這每週30分鐘的「親子遊戲時間」，繼母繼子的關係也開始比較和諧，少了對抗。

每週30分鐘的「親子遊戲時間」是父母陪伴孩子的一對一時間，是一個專注、正向、獨特，且有價值的陪伴。在這段時間，孩子得到父母百分百的專注，孩子能夠「當家作主」，決定如何玩、玩什麼。遊戲式教養的技巧，能夠讓孩子體會到被關注、被尊重、被接納、被了解、被肯定，這能協助孩子建立「我能感」，自信，創造力，也促進親子關

係。

　　最後，我想説「遊戲是孩子成長中不能缺乏的元素，父母是孩子最有價值與意義的玩伴，學習如何配合孩子遊戲是父母需要去完成的功課」。

　　祝福大家。